Zhongguo Wenhua
Zhishi Duben

中国文化知识读本

主编 金开诚

编著 肖艳丽

千古名相——诸葛亮

吉林出版集团有限责任公司

吉林文史出版社

图书在版编目（CIP）数据

千古名相——诸葛亮/肖艳丽编著．—长春：吉
林出版集团有限责任公司：吉林文史出版社，2009.12（2022.1重印）
（中国文化知识读本）
ISBN 978-7-5463-1714-4

Ⅰ.①千… Ⅱ.①肖… Ⅲ.①诸葛亮（181～234）-
生平事迹 Ⅳ.① K827=362

中国版本图书馆 CIP 数据核字（2009）第 236902 号

千古名相——诸葛亮

QIANGU MINGXIANG ZHUGELIANG

主编/金开诚 编著/肖艳丽
责任编辑/曹恒 于涉 责任校对/王凤翔
装帧设计/曹恒 摄影/金诚 图片整理/董昕瑜
出版发行/吉林文史出版社 吉林出版集团有限责任公司
地址/长春市人民大街4646号 邮编/130021
电话/0431-85618717 传真/0431-85618721
印刷/三河市金兆印刷装订有限公司
版次/2009 年 12 月第 1 版 2022 年 1 月第 6 次印刷
开本/650mm×960mm 1/16
印张/8 字数/30千
书号/ISBN 978-7-5463-1714-4
定价/34.80元

关于《中国文化知识读本》

　　文化是一种社会现象，是人类物质文明和精神文明有机融合的产物；同时又是一种历史现象，是社会的历史沉积。当今世界，随着经济全球化进程的加快，人们也越来越重视本民族的文化。我们只有加强对本民族文化的继承和创新，才能更好地弘扬民族精神，增强民族凝聚力。历史经验告诉我们，任何一个民族要想屹立于世界民族之林，必须具有自尊、自信、自强的民族意识。文化是维系一个民族生存和发展的强大动力。一个民族的存在依赖文化，文化的解体就是一个民族的消亡。

　　随着我国综合国力的日益强大，广大民众对重塑民族自尊心和自豪感的愿望日益迫切。作为民族大家庭中的一员，将源远流长、博大精深的中国文化继承并传播给广大群众，特别是青年一代，是我们出版人义不容辞的责任。

　　《中国文化知识读本》是由吉林出版集团有限责任公司和吉林文史出版社组织国内知名专家学者编写的一套旨在传播中华五千年优秀传统文化，提高全民文化修养的大型知识读本。该书在深入挖掘和整理中华优秀传统文化成果的同时，结合社会发展，注入了时代精神。书中优美生动的文字、简明通俗的语言、图文并茂的形式，把中国文化中的物态文化、制度文化、行为文化、精神文化等知识要点全面展示给读者。点点滴滴的文化知识仿佛繁星，组成了灿烂辉煌的中国文化的天穹。

　　希望本书能为弘扬中华五千年优秀传统文化、增强各民族团结、构建社会主义和谐社会尽一份绵薄之力，也坚信我们的中华民族一定能够早日实现伟大复兴！

目录

一 "卧龙" 出世

（一）家学丰厚

诸葛亮，字孔明，公元181年（东汉灵帝光和四年）出生在徐州琅邪国阳都县（今山东沂南）。诸葛氏原本姓葛，籍贯隶属于诸县（今山东诸城，西汉时隶属琅邪），后来迁徙到阳都县。因阳都县先前存在葛姓之人，时人便把后迁入之人称为"诸葛氏"，意思是从诸县来的姓葛的人。

一个人的成长与环境有着密切的关系。诸葛亮出身于仕宦之家，少年时代成长在齐鲁大地，家学丰厚。

追溯至西汉，其远祖诸葛丰，字少季，宣帝时因为"明经"任郡文学，掌管教授

成都武侯祠

千古名相——诸葛亮

儒家经典。他凭借刚直的品行升迁，元帝时为司隶校尉。此人为官正直清廉，"刺举无所避"，敢于揭发权贵的不法行为，很多不轨官员畏而远之。当时的京师曾流传说："间何阔，逢诸葛！"也正是因刚直，他得罪了很多小人。为了报复，这些小人在皇帝面前多言其短，这导致诸葛丰被连续降职，最终被免为庶人，终老在家，其忠心耿耿，刚正不阿的美德受到时人和后人的赞许。这样一位祖先对诸葛亮产生了很大的影响。我们可以推测诸葛亮在《出师表》对"亲小人，远贤臣"之祸害的感叹，可能就与诸葛丰有关系。诸葛亮之父诸葛珪，字君贡，通经学，东汉时曾担任太山郡丞，有一定的政治地位。诸葛珪所生活的年代，正是东汉政治日益腐败、黑暗的时期。他给长子取名诸葛瑾，希望他向美玉一样洁白，也希望朝廷能像玉一样洁净。诸葛亮的名字也是诸葛珪所起，意在让这个孩子发扬家族光明正直的家风，也是希望黑暗的朝政能变得光明起来。诸葛亮叔父诸葛玄，曾任豫章太守，在社会上有很高的地位和名望，同当时世家大族袁术和荆州牧刘表关系密切。诸葛亮出生在一个具有优秀家风的家族，这是一个嫉恶如仇、正气凛然的家族，从诸葛丰身上就有所体现；这同时又是一个

成都武侯祠

千古名相——诸葛亮

重知识学问、讲求博学广闻的家族，诸葛家族累世经学，从诸葛亮的父亲、叔叔与汉末名士刘表、朝中公卿袁氏的密切关系中可以看出，他们都是名流之士。诸葛亮的哥哥诸葛瑾，字子瑜，自幼刻苦好学，年纪不大就到京师游学，在洛阳最高学府——太学学习《诗经》《尚书》《左传》等儒家经典。诸葛瑾很能遵守儒家孝悌之道，"遭母忧，居丧至孝，事继母恭谨，甚得人子之道。"在这种家庭环境中，诸葛亮也从小就养成了良好的学习习惯。

除家庭环境的促进之外，家乡的进步学风也在很大程度上影响了诸葛亮。琅邪邻近

诸葛亮观星亭

"卧龙"出世

古代儒家思想发源地齐、鲁两国地界。我们不可否认诸葛亮奉行的是儒家思想。琅邪学风主要接受齐学的影响，主张经世致用，合乎时宜。诸葛亮14岁之前，正当接受启蒙教育之时都是在这里生活的，他的思想奠定于少年时期，这和家学的进步性有着密切的关系，同时又是与家乡的进步学风和浓厚的学术氛围是分不开的。正是"家学渊源"，诸葛瑾如此，诸葛亮也是如此。陈寿在《三国志》中就说过诸葛亮"少有逸群之才，英霸之气"。

（二）避难荆州

诸葛亮大约14岁时离开琅邪，远到

荆州古城门

荆州避难。此处之"难"主要指战祸之乱，根源是东汉腐朽黑暗的政治造成社会矛盾激化。

我们可以将此时的主要矛盾发展趋势分为三个阶段：

第一阶段：东汉统治阶级内部矛盾斗争日趋激烈，典型代表是历史上的"党锢"事件。

荆州曾经是魏、蜀、吴三国纷争的战略要地

当时的汉灵帝刘宏昏庸腐败，贪婪无比，整日忙于卖官敛财。宦官集团在与外戚集团斗争中逐渐占据上风，日渐把持朝政。他们仗势胡作非为，欺压百姓，却深得皇帝宠爱。据史料记载，汉灵帝常说："张常侍（张让）是我公，赵常侍（赵忠）是我母。"张让和赵忠都是当时有名的大宦官。宦官集团腐败的统治阻碍了许多正直有识之士的正常升迁，令朝政日益黑暗，这激起了耿直派官僚和太学（当时国内最高学府）生的反抗。耿直派由于正直敢言，被称为"清流"，宦官势力则相对被称为"浊流"。斗争过程中，宦官集团因依仗皇帝的权力残酷打击"清流"，把他们称作"党人"，一部分"党人"被杀害，另一部分则被终身禁锢，不得做官。这就是历史上的"党锢"事件，以"清流"的失败结束。

荆州古城建筑

东汉末年共发生了三次党锢事件，都是在汉灵帝统治时期。"党锢"事件充分暴露了东汉政治的黑暗，加深了东汉统治危机。

第二阶段：以统治阶级与被统治阶级的矛盾斗争为主，集中表现为公元184年（汉灵帝中平元年）爆发的黄巾大起义。

黄巾大起义是一次规模浩大、有组织的农民起义。因起义群众头上裹有黄色头巾的标志，所以称为"黄巾起义"。起义首领是巨鹿（今河北平乡）人张角、张梁和张宝兄弟三人，他们利用"太平道"这一宗教形式联络群众，张角提出"苍天已死，黄天当立，岁在甲子，天下大吉"的十六字口号，"苍天"指东汉朝廷，"黄天"指太平道，"甲子"指甲子年，即公元184年，约定在这一年发起反抗大起义，推翻东汉朝廷。

因苦于朝廷腐朽的统治，黄巾起义受到百姓的热烈拥护，旬日之间，天下响应。起义军带领群众打击贪官污吏，烧毁官府，沉重打击了东汉的统治，对首都洛阳形成了巨大威胁。此时为了全力打击起义军，汉灵帝赦免了禁锢的"党人"，缓和内部矛盾，然后选派将领去各地镇压起义军。黄巾军勇往直前，把镇压的官军打得狼狈至极，如：活捉了安平王刘续和甘陵王刘忠，打败中郎将卢植和董卓。虽然黄巾军奋勇非常，但是由于寡不敌众，又缺乏作

东汉末年黄巾大起义概况图

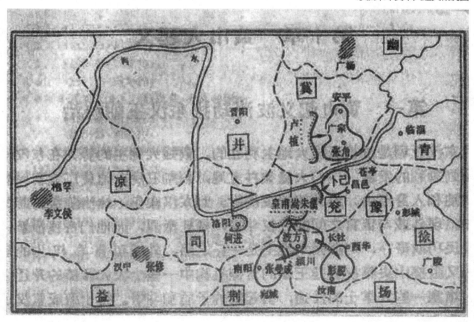

战经验，黄巾起义最终以惨痛失败告终。

第三阶段：黄巾起义被镇压后，统治阶级内部矛盾又重新激化，主要表现为 各地地主武装割据势力发展，形成军阀混战局面。

公元 188 年，汉灵帝为了加强中央对地方的控制，选择亲信宗室大臣担任州牧，授予一州的领兵治民之权。这样，在中央和郡之间便多了"州"一级政权机构，并且给了那些担任州牧的权臣乘机扩大自己武装势力的机会。公元 189 年，灵帝死，少帝刘辨即位，外戚何进控制朝政。宦官集团便再一次与之进行了混乱的争权斗争，最终，凉州军阀董卓领兵入洛阳，废了少帝刘辨，立刘协为汉献帝，从此残暴的董卓又开始把持朝政，持续多年的外戚和宦官之间的斗争宣告结束。其他军阀又群起讨伐董卓，为了争夺土地和人口，相互间也频频发生兼并战争，总之战乱不断。长期的战争使百姓大量流散死亡，田园荒芜，印证了诗句中"白骨露于野，千里无鸡鸣"的惨象。

战火的硝烟也波及到了诸葛亮的家乡徐州琅邪，于是，诸葛亮 14 岁那年和姐弟

汉少帝刘辨像

一起随同到豫章上任做太守的叔父诸葛玄离开了家乡前往豫章。诸葛亮离开家乡时，父母均已去世。诸葛玄上任不久又被朝廷罢免。公元195年，诸葛亮15岁时，诸葛玄把诸葛亮等带到荆州，投奔荆州牧刘表，开始了新的生活。

（三）躬耕隆中

刘表，字景升，出身皇室，为人正直，气度不凡，是当时的名士，被称为"八俊"之一。"俊者，言人英也"，即被称为"八俊"的人都是人中的英杰。刘表对争雄的事业持观望态度，不思进取。但是他注重团结稳定内部，"爱民养士"、"起立学官，博求儒士"，使荆州成为战乱中相对安定的静土，流民和大量士人豪杰纷纷涌入。

隆中是诸葛亮青年时代隐居的地方

诸葛玄在荆州做了刘表的幕僚。诸葛亮和诸葛均在刘表开办的"学业堂"中读书，学习和生活都有了着落。

公元197年，诸葛亮在荆州的稳定生活又有了变故：叔父诸葛玄去世，此时诸葛亮17岁，姐姐已经出嫁。他决定自力更生，于是在刘表的帮助下，诸葛亮在襄阳城西的隆中开垦了一块田地居住了下来。

诸葛亮在隆中过的是半耕半读的生活。

据《三国志》记载，诸葛亮在这个山村里结"草庐"而居，还"躬耕"田地。对此我们是很容易理解的，诸葛亮自离开家乡外出避难以来，过的一直是寄人篱下的生活，他和家人毫无家资财产，生活起居无任何保障，诸葛亮和弟弟只能亲自参加劳动补贴家用。山中朴素清贫的生活以及在劳动中和百姓的接近使诸葛亮深入了解了劳动人民的生活状态和思想感情，这对诸葛亮政治思想的形成有着重要的影响。除劳动之外的大多数时间，诸葛亮都是闭门苦读。在隆中这个安静的地方，他如饥似渴地阅读学习，收获很大。诸葛亮隐居隆

"草庐"石碑

千古名相——诸葛亮

中十年加之在襄阳的两年时间是他一生集中学习的主要时期。他主要学习的是儒家经典，同时也兼顾了其他方面的许多书籍。据史料记载：诸葛亮曾亲自抄写了《申》《韩》等法家著作给后主刘禅。同时，他还熟读了《孙子兵法》《史记》《汉书》《东观汉记》等兵书和史书。诸葛亮学习讲究学有所用，他博览群书，"独观其大略"，不咬文嚼字，而是着重于领会书中的精神实质。

隐居隆中期间诸葛亮结交了很多好朋友。他厌恶"势力之交"，据《诸葛亮集》记载，诸葛亮曾说："以权势钱财的交往很

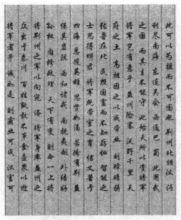

《隆中对》选自《三国志·蜀志·诸葛亮传》

难禁得起时间的考验。读书人之间应交知心朋友，就好比草木温暖时不随便开花，松柏寒冷时不该换枝叶，能够在四季的变化中不衰败，经历险阻后的友情更加牢固。"诸葛亮此时确实结交到了一群推心置腹、志同道合的好朋友。如：博陵（今河北蠡县南）的崔州平，颍川（今河南禹县）的徐元直（徐庶）、石广元，汝南（今河南平舆县）的孟公威。

　　同时诸葛亮还注意结交荆州地区有声望的名士，向他们请教，以增长自己的知识，扩大自己的政治影响。荆州有声望的大族主要有庞、黄、蒯、蔡、马等家族，诸葛亮和这五大家族都有交往。庞家庞德公被人尊称为"庞公"，他见多识广，诸葛亮经常登门虚心请教。庞德公很有识人之明，他非常器重诸葛亮，称赞他为"卧龙"，即蛰伏在大泽中的龙，一旦得机遇就会飞入云霄。这个美称的传播使诸葛亮的名气越来越大。诸葛亮也因此机缘与庞德公的侄子，当时被盛赞为"凤雏"庞统结识。庞统后来曾和诸葛亮一起同为刘备的军师中郎将。马良和马谡家住距襄阳很近的宜城。马良字季常，兄弟五人，才气

古隆中牌坊

远近闻名。乡谚曰："马氏五常，白眉最良。"因马良眉中有白毛，故以"白眉"代称马良。马良和马谡都与诸葛亮有深厚的友谊，后都成为刘备的得力助手。黄承彦，是沔南名士，因赏识诸葛亮把女儿许配给了他，此女子长相丑陋，但是很有才德，诸葛亮欣然答应。当时曾有人打趣说："莫作孔明择妇，止得阿承（黄承彦）丑女。"由此我们可以看出诸葛亮看中才德的品质。诸葛亮在同这些名士的交往中增长了学识和才干，逐渐成为荆州地区青年士人的杰出代表人物。

他在隆中隐居的十年间政治思想逐渐成熟，社会影响逐渐扩大。

二　喜遇名主

魏武帝曹操像

（一）受顾茅庐

诸葛亮隆中隐居的十年，东汉政治形势发生了急剧的变化。各路军阀通过连年混战兼并，势力强弱逐渐趋于明朗化。

中原地区，曹操的势力发展得最快。

曹操（公元 155 年——公元 220 年），字孟德，沛国谯县（今安徽亳州）人，出身于官僚地主家庭。父亲曹嵩是大宦官曹腾的养子。曹操"少机警，有权数，任侠放荡"。随着年龄和阅历的增长，曹操立志改变东汉政治腐败、社会动荡的局面，于是，他开始博览群书，尤其是兵书。我们可以说，曹操的文韬武略在年轻时就已经打下了坚实的基础。大名士许劭对他的评论是"治世之能臣，乱世之奸雄"。

公元 174 年（汉灵帝熹平三年），曹操初登政治舞台，任洛阳北部尉。他执法严明，不畏权贵。黄巾起义爆发后，曹操任骑都尉，随皇甫嵩和朱儁镇压颍州黄巾军，因军功升为济南相。公元 188 年，又做典军校尉。公元 190 年讨董卓后，为东郡太守。公元 192 年（汉献帝初平三年），又领兖州牧，率军打败青州黄巾军，得降卒三十万。曹操于是挑选精卒组成"青州兵"，以兖州为根据地，向外发展势力。公元 196 年（汉献帝建安元

曹操塑像

喜遇明主

年），曹操迎接汉献帝迁都到许（今河南许昌），他开始"挟天子以令诸侯"，任大将军，封武陵侯。之后，经过多次战争，他消灭了徐州的吕布、扬州的袁术，降服南阳的张绣，控制了黄河以南的大片地区。后来他又通过官渡之战，以少胜多，打败了袁绍，最终长江以北广大地区基本都控制在手。

在江东，孙氏的势力也有了很大的发展。

孙坚，孙权之父，字文台，吴郡富春（今浙江富阳）人。因曾参加镇压黄巾起

汉献帝禅陵

千古名相——诸葛亮

孙权像

义有功，被封为乌程侯，仁长沙太守。后又因讨董卓，被袁术举荐为砭虏将军，豫州刺史。公元191年，在进攻刘表部将黄祖时战死。孙策，孙权的哥哥，字伯符，统领孙坚部众向江东地区发展，先后打败扬州刺史刘繇、割据江东的许贡和王朗等，基本控制了扬州的广大地区。曹操以孙策为讨逆将军，吴侯。在张昭、周瑜等人的辅佐下，孙策的实力得到了很大的发展。孙策与周瑜同年，同娶乔家之女而结为内亲。公元202年，孙策死，年仅19岁的孙权统领其众，重用周瑜、鲁肃和张昭等人，继续发展壮大。这时候，诸葛亮的兄长诸葛瑾也来到孙权的身边，受

周瑜塑像

到孙权的重用。

随着曹孙势力的逐渐壮大，各自都伺机攻打控制对方。公元202年（建安七年），曹操让孙权送子弟去许都做人质，意欲控制孙权的发展。孙权集合众谋士的意见，拒绝曹操并且率兵攻打曹操的江夏太守黄祖，大败之，进而谋求夺取荆州。正在孙权等待时机的时候，曹操却抢先南下意欲夺取荆州。

正在曹孙双方都雄心勃勃的发展壮大之时，刘备却只是辗转依附于各个军阀，尚无固定的根据地。

刘备像

　　刘备（161——223年），字玄德，涿郡涿县（今河北涿州市）人，西汉景帝之子中山靖王刘胜的后代，因支系疏远，家世没落。祖父刘雄，任过县令。父亲刘弘，只做过郡县小吏，很早过世，家境清贫。少年刘备同母亲一起靠织席卖草鞋维持生计。《三国志》中记载："（刘备）少言语，善下人，喜怒不形于色，好交接豪侠，年少争附之。"公元184年，刘备在中山同关羽和张飞结拜为异姓兄弟，之后一起组织地主武装协助东汉政府军镇压黄巾起义军，因功做安喜县尉。但是刘备的仕途并不顺利，十多年来，他只

三顾堂

是辗转依附于公孙瓒、陶谦、曹操、袁绍、刘表等各个军阀，过着寄人篱下的日子，并没有机会很好地发展壮大自己的力量。刘备决心争取有智谋的名士辅佐自己。他在与襄阳地区的名士接触中，注意物色人才。此时，司马徽和徐庶同时向刘备推荐了诸葛亮。于是，公元207年冬季，比诸葛亮年长20岁的刘备亲自到隆中去请诸葛亮出山辅佐自己成就大业，这就是历史上传为美谈的"三顾茅庐"。《三国志》中明确记载了这一事件："由是先主遂诣亮，凡三往，乃见。"诸葛亮在《出师表》中也曾说："先主不以臣卑鄙，猥自枉屈，三顾臣于草庐之中。"这足以证明"三顾茅庐"的可信性，也足以证明刘备对诸葛亮的诚挚态度。

（二）隆中对策

诸葛亮虽然隐居世外，但是对天下局势了如指掌：当时，曹操已经统一中原地区，声势显赫；孙权雄跨江东，兵强民富；刘备虽然征战多年，却仅有新野小县。但他深知，刘备作为汉宗室后代，享有极高的声望。

刘备、诸葛亮君臣相遇之时，刘备已经47岁，而诸葛亮还只是27岁的青年书生，论地位，论年龄，和刘备都相差甚远。可是，刘备丝毫没有因此而小看诸葛亮，相反，他

隆中对草庐

喜遇明主

诚恳地向诸葛亮请教发展大计。刘备说：
"汉朝衰落，奸臣把持朝政。我想伸张大义，恢复汉室，只是我才疏德薄，多年奔走，没有成功。请先生指点我该怎么办。"诸葛亮被刘备的谦虚和推心置腹深深打动，于是就把长期深思熟虑的统一天下的谋略告诉给了刘备。

诸葛亮首先为刘备分析了天下的形势，提出了联吴抗曹的战略方针。

"自董卓以来，豪杰并起。曹操比于袁绍，则名微而众寡，然操遂能克绍，以弱为强者，非惟天时，抑亦人谋也。今操已拥百万之众，挟天子以令诸侯，此诚不

隆中对塑像

千古名相——诸葛亮

三顾堂前的石刻《三顾图》

可与争锋。孙权据有江东，已历三世，国险而民附，贤能为之用，此可用为援而不可图也。"

在此诸葛亮实事求是地分析了曹操和孙权的强大力量，并且从中为刘备找到了可行之路，那就是联合孙权的力量共同对付曹操。

接着，诸葛亮又向刘各提出以荆州和益州为基础，进而统一天下的策略。

"荆州北据汉、沔，利尽南海，东连吴会，西通巴、蜀，此用武之国，而其主不能守，此殆天所以资将军，将军岂有意乎？益

荆州城墙文物保护碑

州险塞，沃野千里，天府之土，高祖因之以成帝业；今刘璋暗弱，张鲁在北民殷国富而不知存恤，智能之士思得明君。"

诸葛亮这段分析，就是告诉刘备，欲求发展，兴复汉室，荆州和益州是必先占领的根据地。

最后，诸葛亮为刘备总结了平定天下、兴复汉室的最终目标。

"将军既帝室之胄，信义著于四海，总揽英雄，思贤如渴，若跨有荆、益，保其岩阻，西和诸戎，南抚夷越，外结孙权，内修政理；天下有变，则命一上将将荆州之兵以向宛、洛，将军身率益州之众出于秦川，百姓孰敢不箪食壶浆以迎将军者乎？诚如是，则大业可成，汉室可兴矣，此亮所以为将军谋者也。惟将军图之。"

在这里，诸葛亮确定了占据荆州和益州后的具体任务，主要是：巩固地盘，改善政治，改善同周边少数民族的关系，稳定内部，积蓄力量，为北伐创造条件。

这就是诸葛亮为刘备规划的全部战略目标，被称为《隆中对》。《隆中对》中对时局的分析是客观准确的。它根据各割据力量之间的力量对比和发展方向，提出

的战略方针是切实可行的，实现步骤也是一环扣一环。《隆中对》规划确定的近期目标是完成霸业，三分天下；最终目标是统一全国，兴复汉室。

《隆中对》是诸葛亮长期研究思考的产物，是他十年的心血，涉及政治、军事、经济、地理和外交等多个方面。这深深打动了刘备，为刘备理清了胸中的思绪，使他思虑已久的战略计划豁然成形。刘备当即邀请诸葛亮加入他的政治集团。诸葛亮有感于刘备的真诚，欣然答应。这次君巨相遇对双方来

荆州古城天门

说都是可喜的：刘备得遇贤才，诸葛亮得遇明主。从此，君臣共同成就一番经天纬地的大事业。

三　赤壁之战

（一）结交刘琦

刘备自公元201年（建安六年）投奔刘表，在荆州一住数年，虽一再遭受刘表的限制和排挤，但刘备的影响日渐扩大。《三国志》中就曾对此有过描写："荆州豪杰归先主（刘备）者日益多。"诸葛亮也一直为刘备集团的发展寻找机会。

荆州牧刘表有二子，长子刘琦，次子刘琮。围绕着继承权的问题，荆州统治集团内部产生了矛盾争斗。刘表原本打算遵行中国古代礼法惯例：立长子为继承人。但是，刘表后妻蔡氏将亲侄女许配了次子刘琮，于是蔡氏及其弟掌握兵权的蔡瑁便

荆州城又称江陵城

千古名相——诸葛亮

晋献公的妃子骊姬像

极力拥戴刘琮，贬损刘琦，这使得刘表的立场发生了转变，"爱少子深，不悦于琦"。刘琦渐感势单力孤，有性命之忧便诚恳求计于诸葛亮。据《三国志》记载，诸葛亮只对刘琦讲了一句话："君不见申生在内而危，重耳居外而安吗？"申生是春秋时代晋献公的太子，晋献公因宠爱骊姬 所以想重立骊姬之子奚齐为太子，继承君位。申生在重重迫害之下，自缢身亡。申生之弟重耳出逃在外，几经磨难，在晋献公死后重返晋国，成为晋文公。刘琦在这个历史典故中找到了自己的安全出路：外出任职，借机发展势力，东山再起。公元 208 年春，孙权率众杀死江

武侯祠

夏太守黄祖，"虏其男女数万口"而归。刘琦便乘机请求外任江夏太守，率众屯兵夏口（今湖北武汉市）。刘琦因此十分感激诸葛亮。诸葛亮同刘琦的结好，正是为日后可以控制和利用刘琦力量作为外援准备了条件。日后形势的发展也印证了诸葛亮决策的正确性。

此时，"挟天子以令诸侯"的曹操加紧训练兵马，准备南取荆州。大敌当前，刘表求助于刘备，派刘备屯兵樊城（今湖北襄樊市）以护保襄阳。樊城与襄阳相距很近，这为刘备相机夺取荆州提供了良机。公元208年7月，曹操率军大举南征荆州，

刘表病死，次子刘琮继任荆州牧，因惧曹威势投降了曹操。出于敌众我寡的考虑，刘备及诸葛亮率军向军事重地江陵方向撤退，同时派人向江夏刘琦求救。刘备军队路过襄阳时，"荆楚群士，从之若云"，百姓也大批随从。经过长途艰难跋涉，众将领的奋力拼杀，以及刘琦的及时救援，刘备一行虽然在江陵方向被截断，但最终安全到达江夏刘琦处。事实证明，刘琦果然起到了外援作用。重要的是诸葛亮结好刘琦一方面对后来的赤壁之战起到了积极的作用，另一方面对日后成功占据荆州也有重要作用。

（二）联吴抗曹

湖南桂阳为荆州江南四部之一

公元 208 年九月，曹操亲自率领大军顺利占据江陵，紧接着收编刘琮军队七八十万人，表彰荆州投降有功人员，以刘琮为青州刺史，封列侯，《三国志》记载："蒯越等侯者十五人""多至大官"，同时曹操还派人对荆州江南四郡——长沙、武陵、零陵和桂阳进行成功招抚，荆州地区不少士子归附于曹，远在益州的刘璋也望风而降。一切安定后，曹操下令"荆州吏民，与之更始"，开始除旧布新。一时间，曹操势力和士气大增，有一举消灭刘备和吞并江东孙权的野心。在大举积极备战的同时，曹操派人向孙权下战书，书中说："近者奉辞伐罪，旌麾南指，刘琮束手。今治水军八十万之众，方与将军会猎于吴。"东吴群臣观书后"莫不响震失色"。

强敌压境，联合抗曹成为孙权和刘备双方迫在眉睫的选择。刘表刚死时，鲁肃就曾向孙权提及联合之事，并奉孙权之命借吊孝为名去荆州查探情况，孰料未到荆州，半路逢刘备退兵队伍，交谈中，鲁肃和诸葛亮联吴抗曹方针不谋而合，于是鲁肃安排刘备队伍进驻到鄂县(今湖北鄂城)之樊口。诸葛亮看准时机，主动同鲁肃前往东吴，面见孙权，陈说联合抗曹方针。应该说最初孙权对联吴抗曹方针的成功实施是缺乏信心的。诸葛亮根据当时的形势，针对孙权思想上的疑问和犹豫，坦诚分析敌我力量的客观情况，锐利地指出曹军弱势，"强弩之末，势不能穿鲁缟"是诸葛亮对曹军的客观评价。孙权听罢诸葛亮的评价，增强了很大的信心，但是，东吴内部观点产生矛盾，东吴内部分为主战和主降两派。张昭和秦松惧曹声势，主张不战而降。《资治通鉴》卷六十五记载了张昭的论说："曹操像豺狼猛虎一样，挟天子以征四方。动不动就以朝廷为辞，今日拒之，事更不顺。将军以前可以

张昭认为长江天险已难阻挡曹操

赤壁之战

依靠长江天险抗拒曹操，现在曹操占据荆州，有了水军，水陆俱下，我们已经失去了我方这个优越的条件。况且双方力量众寡悬殊，根本不能相比，投降才是上策。"

张昭的观点代表了东吴大多数将领的意见。主战派人物是鲁肃和周瑜。在一片"劝权迎之"的议论声中，鲁肃一言未发，之后，他将在鄱阳的周瑜请回。周瑜对主降派理直气壮地陈说了曹军远来的不利之处：第一，曹军南下，后方不稳定；第二，曹军北方士兵不习水战，此是舍长就短；第三，隆冬季节，曹军草料不足；第四，曹军远来之兵水土不服，必生疾病。在周瑜的极

"赤壁古风"牌坊

千古名相——诸葛亮

力主战下，主降派哑口无言。联合抗曹方针准备实行。从中我们可以发现，诸葛亮和周瑜对曹军致命弱点的看法是不谋而合的，正所谓："英雄所见略同"。

诸葛亮的智慧赢得孙权的钦佩，孙权很想留其为己所用，于是曾先后派张昭和鲁肃进行劝说，但都遭诸葛亮的拒绝。裴松之认为，诸葛亮与刘备的君臣相遇是"希世一时，终始之分，谁能间之"。

随即，孙权以周瑜为左都，程普为右都，鲁肃为赞军校尉，率三万精兵随同诸葛亮去樊口会合刘备，共同迎击曹军。诸葛亮出使东吴，联吴抗曹的使命算是圆满完成。孙刘联盟的实

赤壁古战场拜风台

现是符合当时的军事形势和孙刘双方共同利益的。在这其中，诸葛亮和鲁肃都是功不可没的。

（三）火烧赤壁

公元208年十一月，孙刘联军沿江西上，进军赤壁。不出诸葛亮和周瑜所料，曹操军队到了赤壁，已经染上疾病。刚刚一交战，曹军就打败仗。曹操把船舰退回江北驻扎，和联军隔江对峙。曹军因受不了风浪颠簸，用铁索把船舰联结起来。周瑜部将黄盖，看准了这个弱点，向周瑜献上火攻之计。之后，此二人上演"苦肉计"，周瑜以黄盖动摇军心为名，痛打黄盖。此事被混入周瑜帐下的蔡和、蔡中密报曹操。此后，黄盖派人到曹营诈降，曹操对此深信不疑，并约好"投降"时间。而后，黄盖准备了十艘大船，满载干燥的柴草，浸过油液，船外又用布幕蒙住，插上旗帜，船后又拴上轻便的小船，以便大船起火时转移。

这一天，正好东南风起，黄盖指挥船队向北进发。船到江心，扯起风帆，直驶曹营。曹军将士望见这些船只，以为是黄盖率部来投降，所以未加阻拦。当船队离江北曹营还有二里左右的时候，大船突然起火，火借风势，船行如箭，奔向曹军水寨。曹军的船舰连在一起，一时又拆不开，迅速燃烧起来。于是，曹军所有船只顿时陷入一片火海。紧接着，火势又蔓延到岸

赤壁古战场碑廊

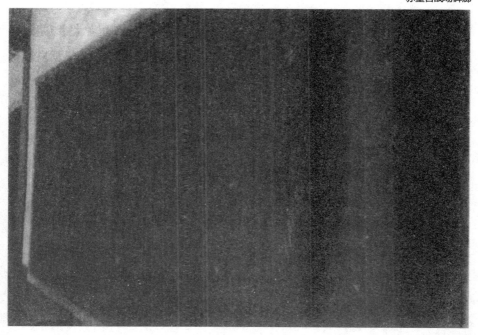

赤壁之战

赤壁遗址

上曹军营寨。曹军人马被烧死和淹死的不计其数。

孙刘联军趁势进攻，把战鼓擂得震天响。曹军一片混乱，曹操只得带领残兵败将经华容道逃走，通过泥泞小路，好不容易才脱险。据史料记载，曹军逃跑时"陷泥中，死者甚众"。孙刘联军水陆并进，乘胜猛追，一直追到南郡。曹操逃至江陵后，得知东线孙权有向合肥进攻的迹象，担心自己后方出事，便留下曹仁和徐晃守住江陵和襄阳，自己则退回北方。

赤壁之战是我国历史上以少胜多、以弱胜强的著名战役。此战，赤壁之战，曹操损失巨大，"时操军兼以饥疫，死者太半（超过半数）"。孙刘联军取得大胜，为以后三国鼎立奠定了基础。这次大战，担任联军主帅的是周瑜，献火攻计的是黄盖。精通兵法的诸葛亮，在军事指挥上也发挥了很大的作用。这次大战取得胜利的基础是孙刘联盟的合力抗曹，从而避免了被曹操分别击破的危险。在这方面，两家的政治家诸葛亮和鲁肃的远见卓识发挥了重要作用。特别是诸葛亮，在刘备大败之后，处于极其危险的时刻，帮助刘备转危为安，不能不说这是他初出茅庐的第一功。

四 助刘备创基业

荆州古城幽静的城门

（一）智"借"荆州

赤壁之战后，曹操兵败退回北方，重点进行战略防御，同时着力于分化孙刘联盟。孙权、周瑜则继续领兵追击曹军。经过一年多的较量，曹军被迫放弃江陵重镇。周瑜占据了江陵及其东大片的土地。孙权任命周瑜为南郡太守，驻守江陵，程普为江夏太守，控制沿江一带。刘备则在战后向荆州南部的武陵、长沙、桂阳和零陵四郡扩张自己的势力。同时，刘备等人推举刘琦为荆州刺史。曾归附曹操的武陵太守金旋、零陵太守刘度、长沙太守韩云和桂阳太守赵范四人率"部曲三万"投降于刘备。一时间，刘备势力大增。公元209年十二月，刘琦病死。孙权举荐刘备为荆州牧，周瑜将属于南郡的一小块土地让给刘备。刘备领兵驻扎在长江南岸的公安，暂以此地作为荆州治所。

荆州关帝庙关羽塑像

占据江南四郡后，刘备任命诸葛亮为军师中郎将，负责督管长沙、桂阳和零陵三郡。诸葛亮注重稳定三郡的社会秩序，加强刘备势力在这一地区的统治，并且向当地百姓适当征收赋税，来为政府军队财政提供一个经济来源。史载："（诸葛亮）调其赋税，以充军实。"同时，诸葛亮还积极向刘备推荐人才。例如刘巴和庞统，此二人日后都为刘备立下了不小的功劳。在对待少数民族问题上，诸葛亮则采取"扶绥"的政策，加强民族团结。总之，经过一段时间的积蓄，刘备一方的实力得到了很大的发展。对此，孙权感到不安。为加强双方的盟好，孙权将其妹嫁与刘备。史载："权稍畏之（刘备），进妹固好。"

刘备虽然已经在荆州站稳脚跟，但是荆州的中心地区南郡还由孙权控制，南郡地理位置重要，这很不利于刘备势力的继续发展，也不利于向益州的跨进。于是，在公元210年，刘备以亲戚和同盟伙伴的身份面见孙权，要求"借"来南郡，将其划归自己来控制。

荆州古城墙

疏刘派周瑜认为"刘备以枭雄之姿，而有关羽、张飞雄虎之将，必非久屈为人用者"，因此反对"借"荆州给刘备，并且主张扣留刘备。亲刘派鲁肃从防御曹操来考虑，则主张把荆州"借"给刘备。孙权未扣留刘备，也未马上"借"荆州给刘备。此后不久，周瑜染病去世，鲁肃接替周瑜驻守陆口。在鲁肃的强烈坚持下，也为维护孙刘联盟关系，孙权正式将荆州"借"给刘备。东汉后期，荆州实际上包括七个郡：武陵、长沙、零陵、桂阳、江夏、南阳、南郡。赤壁之战后，曹操兵败撤出江陵，但是并没有完全撤离荆州。他还占有荆州北部的南阳郡和南郡的北部，被称为襄阳郡。孙权则占据的是南郡的南部和江夏郡。刘备拥有的是武陵、长沙、桂阳和零陵四郡。其实，所谓的"借"荆州实际上是刘备一方向孙权一方"借"南郡的南部地区。历史上习惯称其为"借"荆州。

"借"荆州是孙刘双方互惠互利的产物。我们说，刘备一方"借"来荆州是智慧的选择，因为如此，刘备一方才能利用有利的地理位置继续向益州发展势力。孙权一方不愿意长期的"借"，刘备和诸葛

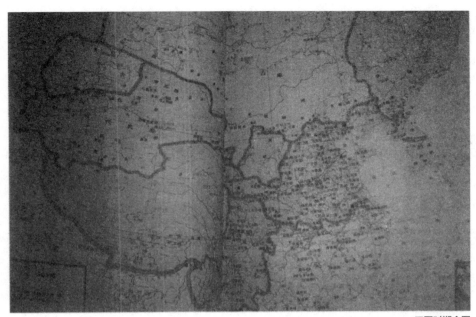

三国时期全图

亮则不愿意轻易的"还"。围绕荆州，孙刘双方日后发生了很多的矛盾，并且一度导致联盟破裂。周瑜去世后，孙权按照周瑜的建议，也想向益州进取，并且要求刘备配合。"跨有荆益"是刘备一方的重要战略，刘备当然不能允许孙权一方损害自己的利益，于是拒绝孙权的要求。刘备、诸葛亮通过"借"荆州，实际上是占据了荆州，并阻止了孙权对益州的进取之路。

跨进益州

赤壁之战后，魏、蜀、吴三国鼎立的局面初见雏形。刘备以荆州为根据地，按诸葛亮和庞统的建议，准备夺取益州。

三国文物展

自公元 188 年以来，益州的统治者就是刘焉、刘璋父子。刘焉是在黄巾起义失败后被任命为益州牧的，公元 194 年，病死于任上。刘璋接替父亲的职位。这父子俩一直对豪强采取"宽惠""温和"的政策，以致益州地区法令松弛，社会秩序混乱不堪，民不聊生。据史料记载，刘焉进取益州时，曾把从南阳和长安一带流亡到益州的人，变成军队，号称"东州兵"。东州兵纪律很坏，任意掠夺百姓财物，刘焉父子都对此束手无策。因此，引起了益州百姓的不满。刘璋为益州牧后，他手下有两个官员——法正和张松，都很有才能，却一直没有机会施展，常常闷闷不乐。

　　曹操南下荆州时，刘璋想归附曹操，于是派张松向曹操表达敬意。张松听说曹操重才，也想趁此机会脱离刘璋，投靠曹操。但那时曹操刚刚打败刘备，非常骄傲，见张松长得个子矮小，其貌不扬，就很看不起他，张松被气走。在回益州途中，张松顺道去见刘备，刘备待他极为热情。张松回到益州后，竭力数落曹操的坏处，劝刘璋派人跟刘备联络。经张松推荐，刘璋派法正去荆州见刘备。刘备跟法正也谈得十分投机。刘备先后接待了张松和法正，向他们详细询问了益州的地理形势、库存钱粮、兵器多少、道路远近等

助刘备创基业

情况。张松和法正不但和盘托出，还画了详细的地图送给刘备。这样，刘备对益州的状况了如指掌，只是等待合适的时机。

公元221年（建安十六年），曹操将要向汉中一带用兵，并扬言要南下夺取益州。刘璋听说后非常害怕，张松趁机劝刘璋让刘备入蜀，想借刘备力量守卫益州。于是，刘璋派法正带领四千人马前往荆州迎接刘备。法正到荆州后，便把益州的腐败情况向刘备和诸葛亮做了介绍，并且建议刘备用张松作为内应，迅速挥师夺取益州，然后凭借"天府之国"成就大业。这

许昌春秋楼关羽塑像

千古名相——诸葛亮

对刘备来说无疑是一个绝妙的机会。于是刘备和诸葛亮商量，决定留诸葛亮和关羽等人镇守荆州，自己率万余人进入益州。昏庸的刘璋不知益州将为他人所有，反而夹道欢迎刘备的军队，并且为刘备的军队补充了少量的人员和兵器，让刘备帮助去进攻汉中张鲁。刘备行军至葭萌便停止前进，转而在当地和周边地区发展自己的实力，扩大自己的影响。三年以后，正式夺取益州的时机成熟了。诸葛亮让关羽继续守住荆州，然后带领张飞、赵云等沿江西上，会同刘备把成都团团围住。刘璋见局势无法挽救，被迫献城投降，益州也为刘备所有。

刘备进入成都后，自称益州牧，拜诸葛亮为军师将军兼益州太守，法正为蜀郡太守，不但随从进益州的文武官员都得到封赏，而且对刘璋手下的官员也委任要职，这样就争取到了多数人的支持。

诸葛亮在隆中定下的占领益州的计划，终于如愿以偿了，但是要整顿，还要花更大的气力。为了改变益州政令松弛、秩序混乱的局面，诸葛亮从严执法，无论谁触犯法令，一律依法惩处。过了一段时间，益州的秩序渐渐好转。

辅主称王

汉中是益州东北部的一个边郡，地理条

赵云塑像

千古名相——诸葛亮

件好，周围环山，北屏秦岭，中间是汉水盆地，汉水支流沔水流经其间，土地肥沃，物产丰富，在军事上占有很重要的地位，是咽喉重镇。有了汉中，即可通往秦、陇、蜀、楚，又可成为"独守之国"。诸葛亮在《隆中对》中分析"刘璋暗弱，张鲁在北"的形势，看到了张鲁对西蜀的威胁。如果刘备占据汉中，既有利于守护益州，又有利于进取关中、陇右。

陕西汉中云雾寺

对于汉中这一战略要地，曹操自然也想据为己有。公元 215 年（建安二十年），曹操进攻汉中，张鲁投降，益州受到威胁。曹操部下官员劝曹操攻打益州，曹操因为东边有孙权，荆州有关羽，内部还不稳定，没有接受这个意见。他把大将夏侯渊、张郃留在汉中驻守，自己带兵回去。

汉中由张鲁转到曹操手中，给刘备、诸葛亮夺取汉中带来了更大的难度，但是，他们必须要夺取，否则"跨有荆益"的战略就不完整了。法正看出曹操的弱点，劝刘备进兵汉中。他认为，夏侯渊、张郃的才能远远不如蜀中的将领，刘备一定能够攻克汉中。攻克汉中以后，劝农积谷，等待时机，上可以打败曹操；中可以蚕食雍、凉地区，扩展疆土；下可以据守要害，作持久的打算。法正的这个策略，得到了刘备和诸葛亮的赞同。

公元 218 年（建安二十三年）冬天，刘备亲自率领大军夺取汉中，这一次，法正跟随刘备同去，当了谋士。诸葛亮留守成都，主持益州政事，安定后方，同时，替刘备输送军粮，补充兵源，也是肩负重任。刘备的军队到阳平关，遭到曹军大将夏侯渊等的据守，双方相持不下。刘备发信给诸葛亮，要他迅速发兵增援。诸葛亮征求杨洪的意见后，迅速发兵。公元 219 年（建安二十四年）春，刘备率军从阳平关南渡

阳平关遗址

定军山脚下的武侯墓

沔水，安营于定军山，以逸待劳，据险不战。夏侯渊"恃勇"出兵争夺定军山，被蜀将黄忠一马当先，斩了夏侯渊，曹军大败。后来曹操又亲自领兵和刘备对峙了几个月，因军中粮食短缺，曹军士兵纷纷逃亡。曹操看到相持下去没有好处，可放弃汉中又舍不得。有一次，他规定口令为"鸡肋"，部下们不知其意，而主簿杨修却整理行装，人问其故，杨修说："鸡肋，弃之可惜，食之无味，以此比喻汉中，所以知道魏王要还军了。"为了保存实力，五月间，曹操果然决定放弃汉中，魏军撤退至长安。刘备乘胜占领了汉中。

刘备占领汉中后，扩展了占领区域，声

汉中三国古虎头桥遗址

势扩大，而诸葛亮《隆中对》中"跨有荆益"，建立根据地的目标也实现了。不久，即在公元219年八月，诸葛亮、法正、关羽、张飞等一百二十多名文武官员拥立刘备为汉中王。接着，汉中王刘备立刘禅为太子，按照诸侯王官署规格设置官员。刘备占领汉中，为后来蜀汉攻魏，建立了一个前沿阵地，对巩固刘备在蜀地的统治是非常重要的。从此，刘备雄踞西南，成了与曹操、孙权势均力敌的一支力量，三国鼎立的局面出现了。随着刘备势力的壮大，刘备集团同孙权集团的矛盾也开始慢慢激化，孙刘联盟出现了危机，双方展开了争夺荆州的斗争。

五　忠心辅后主

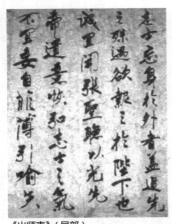

《出师表》（局部）

（一）临危受托

纵观诸葛亮一生在蜀汉仕宦的经历，用其《出师表》中"受任于败军之际，奉命于危难之间"来形容是恰当的。诸葛亮出山辅佐刘备之时，正是刘备势力弱小，无从发展之时。而后，诸葛亮辅佐后主刘禅之时也是临危受托。此时之"危"我们可以从两个方面来概括。

其一是危失荆州。荆州是当时的政治、经济和军事重地。刘备和孙权双方的战略方针中都有"占据荆州"的预期目标。刘备一方战略是诸葛亮《隆中对》中提出的"据有荆益，然后两路出兵北攻曹操。兴复汉室"。孙权一方的战略是周瑜提出的"从荆州出发先攻蜀，后占汉中，然后出襄阳进攻曹操，以图北方"。荆州成了孙刘双方利益冲突的焦点，这为孙刘联盟的破坏埋下了火种。东吴多次派人向刘备一方索要荆州，双方曾多次有爆发战争的可能。但终因对防御曹军的共同目标以及"亲刘"派鲁肃的从中调解而以双方妥协告终。公元217年十月，鲁肃去世，孙权派名将吕蒙镇守陆口，与关羽对峙。东吴一方的态度由亲刘转为疏刘，并且随着内部政治

经济实力的增强，以及同曹操一方关系的缓和，东吴产生了武力夺取荆州的念头。公元219年七月，关羽乘曹操在荆州北部统治不稳定之时，让南郡太守糜芳守江陵，将军士仁守公安，自己亲率大军数万出兵攻打襄阳、樊城，争取为刘备集团日后北伐创造条件。襄樊战役打响后，关羽抓住有利战机水淹曹军，曹操的荆州刺史胡修、南乡太守傅芳等都投降关羽，许都以南"往往遥应羽，羽威震华夏"。关羽的得势和曹操的鼓动使孙权决定动手从关羽后方下手，利用关羽"颇自负"的弱点，武力夺取荆州，糜芳和士仁因

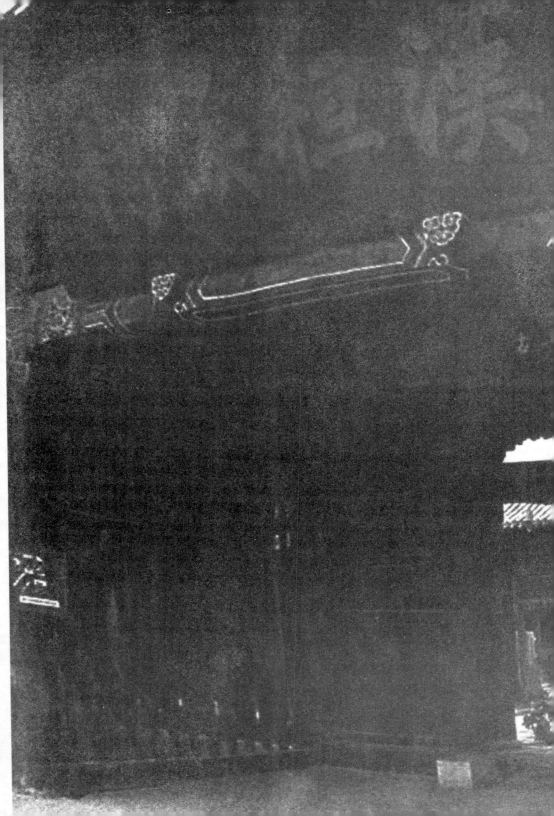

三分國吕宅風雲心忠蜀漢

公元一九八七年四月

关平塑像

不满关羽的傲慢，所以投降了。夷陵、南郡和江陵等荆州地区都归孙权一方，东吴大获全胜，"前后斩获招纳凡数万计"。关羽前后不能相顾，大败后被逼退守麦城，求救未果，同年十二月，关羽及其儿子关平一起被孙权军队杀死，时年约60岁。

丧失荆州、失去兄弟对刘备来说是一个沉重的打击，刘备为夺回荆州积极进行多方准备。这期间，公元220年正月，曹操病逝。同年十一月，曹丕废汉献帝自称魏文帝，建立曹魏帝国。在蜀中大臣的多方劝说下，刘备于公元221年四月，在成都称帝，国号为汉，改元章武，史称刘备为汉昭烈皇帝，立刘禅为皇太子，任命诸葛亮为丞相录尚书事。

其二危是猇亭之败。

刘备即帝位不久，于同年七月，命诸葛亮辅佐太子留守成都，自己亲率军队东征孙权，取夺荆州，并为关羽报仇。陆机就曾对此说过，刘备东征"志报关羽之败，图收湘西之地"。

诸葛亮对于刘备的此次东征没有坚决反对，他也觉得东征孙权是存在胜利的可能的，

荆州古城一景

忠心辅后主

张飞墓

失去荆州，他是不甘心的。

不久，张飞被部下所杀。《资治通鉴》曾分析关羽和张飞的性格，记载到："羽善待卒伍而骄于士大夫，飞爱礼君子，而不恤军人。"这的确道出了二人的性格弱点。张飞也因此遭手下军人杀害。张飞的死让刘备痛心不已，仇恨又添。

大军压境，孙权慌忙派人求和，遭刘备拒绝。公元221年十一月间，孙权接受曹丕对其的封赏，称为吴王，立孙登为王太子，这意味着孙权的政治立场的彻底转变。实质上，孙权是为了在同刘备交兵之

张飞被部下杀害，让刘备痛心不已

汉桓侯祠，即张飞祠

忠心辅后主

际避免曹军在东线上攻吴，而两面受敌的危险。公元222年2月，刘备率蜀军进至猇亭，建立大本营，包围在夷道驻扎的孙权的侄子孙桓。东吴将领陆逊面对蜀军的进攻采取"先让一步，后发制人"的方针，调遣吴军把几万里崇山峻岭让给蜀军，己方则在猇亭地区坚守营寨，集中兵力同蜀军对峙长达五六个月之久。刘备令水军移动至陆地上，天气愈来愈热，蜀军运输困难，士气逐渐低落。陆逊看准时机，采用火攻，大破蜀军，杀死蜀将冯习、张南和少数民族首领沙摩柯。蜀将杜路和刘宇被迫投降。刘备人马大部分损失，元气大伤，仓皇逃

托孤堂

往白帝城。《三国志》记载："蜀军分据险地，前后五十余营，（陆）逊随轻重以兵应拒，自正月至闰月，大破之，临阵所斩及投兵降首数万人。刘备奔走，仅以身免。"

刘备退守白帝城后，改鱼腹县为永安，修建永安宫。整日深居宫中忧心忡忡，过度劳累，终于病倒，并且日益严重。公元223年四月，自知不久于人世的刘备派人去成都请来诸葛亮，开始安排后事，"托孤于相亮，尚书李严为副"，并且嘱咐诸葛亮：如果刘禅无能"君可自取"。不久，刘备死于白帝城永安宫，终年63岁。诸葛亮奉刘备之棺

诸葛亮祠

还于成都，协助刘禅发丧后，奉太子刘禅登皇帝位，史称"后主"，改年号建兴。刘禅封丞相诸葛亮为武乡侯，"开府治事"，即丞相拥有自己的行政机关——相府，并且在相府中有一套官僚系统执行政事。稍后，诸葛亮又领益州牧。从此，刘禅按父亲遗命对诸葛亮尊之如父，"政事无巨细，咸决于亮"。诸葛亮也未辜负先主的重托和刘禅的信任，为蜀汉一如既往地鞠躬尽瘁。

以下将详细介绍一些诸葛亮的治国策略（包括刘备时期），多为刘禅时期。

（二）治国丞相

诸葛亮的治国思想是对先秦儒家思想的继承和发展。他治理西蜀的指导思想是德法结合，主张"礼""法"并用，"德""威"并举，《诸葛亮文集》就记载，诸葛亮主张："劝善、黜恶""以教令为先，诛罪为后""非法不言，非道不行"。此处之"道"主要指儒家提倡的"三纲"（君为臣纲，父为子纲，夫为妻纲）"五常"（仁、义、礼、智、信）。

武侯祠三绝碑

法治

诸葛亮实行法治遵循的是"治实不治名"的原则，从实际出发，讲求实际效果。例如他对益州的治理。益州原来的政治局势混乱，阶级矛盾复杂，地方豪强和官僚肆意剥削百姓。刘焉父子统治益州后仍旧是"德政不举，威刑不肃"，导致"士大夫多挟其财势，凌辱小民"，蜀中地区百姓"思为乱者，十户而八"。刘备入主益州后，诸葛亮为了治"乱"，采取了"先理强，后理弱"的政策。先理强就是首先打击豪强和官僚，后理弱即帮扶农民发展生产。

诸葛亮厉行法治，遭到了豪强和官僚的不满，他们攻击诸葛亮"刑法峻急"，要求其"缓刑弛禁"，但诸葛亮不为所动。为了

成都武侯祠

更有力地实行法治，诸葛亮还根据实际制定并颁布了很多法令法规。陈寿所编《诸葛亮集》就设立了《法检》《科令》《军令》等目录，由此我们可以看出诸葛亮对法治的重视。同时诸葛亮在执法过程中非常严明，不畏权贵，不徇私情。非常典型的事例就是对刘封、李严和马谡的惩处。

刘封，刘备养子。刘备去世前，刘封奉命守上庸等地。关羽进攻襄樊和被困荆州之多次令其发兵配合与救援，但刘封均托词拒绝。关羽最终惨败被杀以及丢失荆州，刘封有不可推卸之责任。此外，刘封还在其他方面多次触犯军法，贻误军机。对刘封的处置，诸葛亮并未因他是皇亲国戚而姑息，他建议刘备将刘封处死。

李严，蜀汉高级官员，刘备临终时与诸葛亮同受遗诏辅佐刘禅，是顾命大臣，地位仅次于诸葛亮。诸葛亮第四次北伐时，李严负责在汉中监督粮草工作。遇大雨天，交通不便，军粮短缺，李严不但不设法赶运军粮，还派人假传圣旨，要诸葛亮前线退兵。诸葛亮退兵后，他却故意责问退兵缘故，"欲以解己之不办之责，显亮不进之愆"。同时他又杀掉督运粮草将领来灭口。李严这种贻误

成都武侯祠诸葛亮塑像

忠心辅后主

军机，嫁祸于人的做法影响了蜀汉的军政大事，犯下了重罪。诸葛亮不畏李严权势和顾命大臣的地位，搜集详细罪证，最终令李严"辞穷情竭，首谢罪负"。最后李严被削职为民，流放梓潼郡。

马谡，是诸葛亮在隆中隐居时就结交的好朋友。诸葛亮很器重马谡，北伐时，提拔他为参军。第一次出祁山时，马谡为前将，他骄傲轻敌，违犯军令，不听忠言劝谏，结果导致蜀军被曹军大败，令蜀军失去有利形势，损失严重。诸葛亮不顾马谡是己之亲信，按军法将马谡处死。

从以上三例中，我们可以深切体会诸葛亮厉行法治的决心和力度之大，上文我们曾说过，诸葛亮治国是"法治"与"德治"并举的。在执法量刑时，他主张"服罪输情"者从轻，"游辞巧饰"者从重，把"威之以法"与"服罪输情"结合起来，给人以希望和出路。诸葛亮总是注重选择正直公正的官吏负责治狱工作，反对凭个人好恶"专持生杀之威"。

力主人和

在陈寿整理的《诸葛氏集目录》中，有《贵和》一章，由此可见诸葛亮对"人和"

陈寿石像

千古名相——诸葛亮

成都汉昭烈庙

的重视。"和"即和谐、和睦、团结、合作。诸葛亮认为："今篡贼未灭，社稷多故，国事惟和，可以克捷"，又说："用兵之道，在于人和，人和则不劝而自战矣。若将吏相猜，士卒不服，忠谋不用，群下谤议，谗慝互生，虽有（商）汤、（周）武之智，而不能取胜于匹夫，况众人乎。"总之诸葛亮认为有了"和"才能治理好蜀汉，才能实现北伐统一大业。

孙权像

　　为此，诸葛亮非常注重调解官员之间的关系，处理好内部矛盾，减少内耗，增加内部凝聚力。诸葛亮苦心调解魏延和杨仪之间的关系就是一个力证。杨仪和魏延一文一武，身居要职，为国立功不小。杨仪，刘备时，提拔其为尚书。刘禅时，为参军。后随诸葛亮北伐，被提拔为长史加绥军将军。其虽有政治才干，但心胸狭窄。魏延，刘备时提拔为汉中太守，"善待士卒，勇猛过人"，很有军事才能。他首创围守御敌（即在汉中一线依地势建起围寨，积粮屯兵，在后来抵御魏军进攻中发挥了很大的作用。后又因战功，被提拔为前军师，征西大将军，封南郑侯，但是他傲慢无礼，人们多不敢冒犯。杨仪对其却毫不忍让，因此二人失和，争吵不断，甚至拔刀相向。诸葛亮爱惜二人之才，从不偏袒其中一方，对二人均委以要职，发挥二人的长处。诸葛亮还提议写了《甘戚论》，倡导"贵和"，来教育他们，希望他们团结一致。诸葛亮的这种做法取得了一定的成效。

　　在治理西蜀的过程中，诸葛亮始终秉承"贵和"思想。应该说，西蜀政局能够长期比较稳定与诸葛亮善于处理内部矛盾、主张"贵和"思想是分不开的。后事有人这样评价诸葛亮："竟能上不生疑心，下不兴流言，苟非诚信结于人，格于神，移于物，则莫能至是。"

第三，发展生产

西蜀在刘备集团统治之前，因政治腐败，"赋敛烦扰"，百姓生活穷困不堪，生产遭到严重破坏，百废待兴。诸葛亮自公元214年随刘备进入成都，至公元227年开始北伐曹魏，用了十三年时间集中精力治理西蜀，恢复被破坏的经济。

汉昭烈帝刘备像

在农业方面，曾躬耕于隆中的诸葛亮深知农业是百姓安居乐业和国家发展之基础。他确定了"唯劝农业，无夺其时，唯薄赋敛，无尽民财"的方针政策。也要求各级官员都要重视农业，不能妨碍农民的耕作和收割，同时要减轻税收，抑制豪强地主兼并土地。为了促进农业发展，诸葛亮非常重视水利。都江堰，建于战国时期，立于成都平原，是当时规模最大的水利灌溉网，"蜀人旱则藉以为溉，雨则不遏其流""水旱从人，不知饥饿，沃野千里，世号陆海，谓之天府"。诸葛亮极为重视此堰，他专门设置"堰官"管理，还派一千多名壮丁驻守堰区，负责保护和维修工作，以提高都江堰的灌溉能力。除此之外，诸葛亮还在成都市西北修建了一条九里长堤的水利工程。《成都府志》记载："九里堤在府城西北隅，其地洼下，以防冲啮。"由此可见九里堤是为了防止洪水毁坏农作物而修建的。

在手工业方面，诸葛亮大力发展盐铁业和蜀锦业。刘备占据益州后，诸葛亮重新恢复盐铁官营的政策，设置"司盐校尉""司金中郎将"等官职，负责管理盐铁生产和兵器、农器的制造。这在很大程度上增加了国家财政收入。西蜀的煮盐业在汉代已经很发达，蜀地人熟练掌握了煮

华贵的蜀锦

千古名相——诸葛亮

盐技术，甚至有些地方已能用煮盐效率很高的火井（天然气）煮盐。据张华《博物志》记载，临邛有"火井一所，纵广五尺，深二三丈。井在县南百里。昔时人以竹木投以取火。诸葛丞相往视之，后火转盛热，以盆盖井上，煮盐，得盐"。同时，在诸葛亮的倡导和推广下，西蜀的冶炼技术也取得了很大的进步，这在增加财政收入的同时，也增强了军队的作战能力。蜀锦是益州的特产，东汉时已经闻名全国。诸葛亮大力发挥这一地方优势，发展织锦业，鼓励百姓种桑养蚕织锦。相传诸葛亮带头在家中栽种桑树，他自言在成都"有桑八百株，薄田

蒋琬塑像

蒋琬墓碑

十五顷"。在他的努力下，蜀地织锦业开始兴旺，他还设立了"锦官"，专门组织管理蜀锦的生产和销售。蜀锦质量好，产量多，远销当时的吴魏。史载："魏则市于蜀，而吴亦资西道。"蜀锦成为蜀汉政府重要的财政收入来源。

随着农业手工业的发展，西蜀的商业也有了一定的发展。

诸葛亮是"开源"与"节流"并举的。西蜀地区原本奢侈成风，甚至婚姻丧葬都要"倾家竭产"来办。针对这种风气，诸葛亮主张节俭，"丰年不奢"，注意储备，以防灾荒。为了能够有效地提倡节俭，诸葛亮首先通过要求官吏"清心寡欲，约己爱民"来起带头号召作用。这项措施取得了相当明显的成效，蜀汉官员中勤俭成风。邓芝"不治私产，妻子不免于饥寒，死之日，家无余财"。费祎"雅性谦素，家不积财"。

由于诸葛亮重视发展经济，注意开源节流，提倡节俭，经过数年的尽心治理，西蜀地区出现了"田畴开辟，仓库充实，器械坚利，蓄积丰饶"的景象。同时由于诸葛亮率先提倡官员勤政爱民，使西蜀阶级矛盾也相对比较缓和，这些都使蜀汉的政治统治逐渐稳定，为诸葛亮北伐打下了坚实的物质基础。

第四，唯才是举

诸葛亮治蜀非常重视选拔重用人才。他说过"治国之道，务在举贤"的话。

诸葛亮用人不注重门第资历，只要有真才实学，一律任用。如蒋琬（字公琰），原是荆州一个写文书的小吏，后随刘备入蜀，因不理政事，饮酒沉醉，一直未得到刘备的重用。诸葛亮辅佐刘禅之后，一直提拔他，先为东曹掾，后为参军、长史，加抚军将军。北伐时，负责留守成都，"常足食足兵以相供给"，得到了诸葛亮的嘉许。诸葛亮临终时毫不犹豫地推荐蒋琬为自己的接班人，而蒋琬也果然没有辜负诸葛亮的托付，他积极贯彻诸葛亮的施政方针，能够稳妥地处理国家大事，使得蜀汉政权有了一个相当长的稳定时期。如向宠，原来不过是个偏将，猇亭失败时，别的营队都损失惨重，唯有向宠一营临危不乱。诸葛亮称赞他"性行淑均，晓畅军事"，北伐出师时把他推荐给后主刘禅，要刘禅把后方军务完全交付给向宠。再如李严在犍为太守时，手下有个功曹小吏名为杨洪，刘备向汉中用兵时，曾经写信给成都的

蒋琬墓

成都武侯祠孔明苑

诸葛亮要求增援军队，诸葛亮征求杨洪的看法，杨洪胸有成竹地答道："汉中是益州的咽喉，存亡的关键，如果失去汉中，就没有蜀地了。"他建议诸葛亮"方今之事，男子当战，女子当运，发兵何疑？"诸葛亮认为杨洪很有政治头脑，便把他破格提拔为蜀郡太守。不久，又将他提升为益州治从事。杨洪手下还有个姓何的书佐，也因"有才策功干"被任命为广汉太守。李严、杨洪等原来的地位相差很大，后来却同为太守，益州人民知道这件事情之后，都称赞诸葛亮用人不拘一格，能够充分发挥各人的才能。

诸葛亮又非常注重听取下级的意见，注重调动发挥他们的智慧才能。为此，他专门建立"参署"制度，让参加处理事务的下级官吏充分发表意见，实行"纳言之政"。他的部下董和"参署"七年，只要发现诸葛亮办事有不妥之处就率直指出，有时竟为一件事而先后十次向诸葛亮面陈自己的看法，诸葛亮对这种秉公直谏的作风非常钦佩。他教育部下说："我建立参署制度就是为了要集思广益，如果能够从不同的议论中得到中肯的意见，就好比丢掉了破鞋子而捡到珠玉一般。可是有的人就是不能把意见说出来，只有徐庶和董和能够知无不言，言无不尽。如

成都武侯祠一景

忠心辅后主

成都武侯祠一景

果大家能够像董和那样有忠于国，那我就会很少犯过失了。"

诸葛亮还非常注重教育，培养人才。他开办教育，以张爽、尹默为劝学从事，掌管教育；以许慈、胡潜为"学士"，教授学生。诸葛亮为丞相后，以大经学家谯周为劝学从事，掌管蜀汉教育，并且建立太学，置"博士"教授学业，许慈成为当时著名的"博士"。

为了切实做到"任人唯贤"，诸葛亮要求官吏们为政要讲求实效，"治实不治名"，反对名不副实，表里不一。他重视对官吏的考核，"循名责实"，注重了解他们是否忠于职守、是否有真才实学、是否实行德政、是否严格执法，以便"进用贤良，退去贪懦"。

六　南抚夷越

(一) 叛乱纷纷

蜀汉的南部地区自古被称为"夷越之地"，汉时又被称为"西南夷"。"夷"是对少数民族的贬称。这里居住着叟、僚、濮、昆等少数民族。他们主要分布在蜀汉的益州（今云南晋宁）、永昌（今云南保山东北）、越巂（今四川西昌）、牂柯（今贵州黄平）四郡。此四郡通称南中地区。南中地区物产丰饶，据《华阳国志·南中志》记载："益州西部，金银宝货之地，居其官者，皆富及十世。"但各少数民族的经济文化水平极其落后，而且发展很不平衡。

卧龙遗址

千古名相——诸葛亮

东汉统治者把少数民族当作"化外之民"，随意掠杀剥削，繁重的赋税徭役常常会激起西南各民族人的反抗。例如，公元118年（安帝元初五年）改越巂郡夷人发动的反对"赋敛烦扰"的起义，公元176年（汉灵帝熹平五年），西南各族又起兵反抗，并且占据益州郡。

　　诸葛亮非常了解东汉时期的民族矛盾，他认为民族和睦是巩固内部团结稳定的重要前提。依据实际形势，诸葛亮提出了早在《隆中对》中就提出的民族和睦的政策，那就是"西和诸戎，南抚夷越"。刘备入住益州后，诸葛亮先后选派很邓芳、俞元负责西南各族的镇抚工作，此二人的工作很有成效，但是有些少数民族将领和想称霸一方的汉族官僚、豪强一直蠢蠢欲

成都武侯祠一景

动，伺机反叛蜀汉朝廷。

公元222年（章武二年）冬，汉嘉太守黄元趁刘备重病之际，举旗反叛。公元223年春，蜀汉将军陈曶斩黄元为朝廷除害。刘备死后，益州郡豪强地主雍闿又趁后主刘禅刚登帝位的机会发动叛乱。雍闿是"益州郡大姓"，在当地影响很大，他先率兵杀死了益州太守正昂之后，又陷害朝廷新派太守张裔并将张裔抓起，送往东吴，以求得孙权的支持。当时孙刘双方关系处于破裂时期，孙权便遥任雍闿为永昌太守。此乱未平，牂柯太守朱褒又紧接着发起叛乱，响应雍闿，"以郡叛，应雍闿"。越巂"夷王"高定元也举兵叛蜀，杀郡将焦璜。一时间，叛乱纷纷，几乎席卷南中地区。

面对纷繁叛乱，诸葛亮非常沉着从容，指挥自若。他从蜀汉实际情况考虑，并未立即出发镇压叛乱，而是继续"务农殖谷，闭关息民"，着力巩固内部，积蓄力量。同时派邓芝出使东吴与孙权恢复联盟关系，以减少外部麻烦。对南中地区叛乱，诸葛亮暂时采取"抚而不讨"的方针争取和平解决。雍闿面对劝和的意见表示坚决拒绝，他说："天无二日，士无二主，现在天下分裂，三国鼎立，正朔有三，使我们不知所归。"实质上，雍闿舍近求远归附于孙权是为了自己能称霸一方。为了扩大叛乱规模，他传播谣言，煽动少数民族将领同他共同反叛，孟获就是被煽动成功并积极帮助雍闿者之一。

南阳武侯祠砖雕牌坊

经过一段时间的内部积蓄和整顿，蜀汉政治经济都已趋于稳定。诸葛亮改变了"抚而不讨"的方针，亲自率领大军南征，志在平定南中叛乱。蜀军分三路前进。诸葛亮率西路大军进攻越巂郡，平定高定叛军之后，继续进攻益州郡雍闿。李恢率领中路大军直接进攻叛乱中心益州郡，与诸葛亮会合。马忠带领东路军向东南方向攻打牂柯郡，平定朱褒叛乱。这次战斗激烈异常，几路大军都取得初步胜利，雍闿被杀，但是蜀军也为此

成都武侯祠明碑

付出了沉重的代价。少数民族将领孟获在雍闿被杀后南逃至益州郡，继续纠结叛乱力量，抗拒朝廷大军。

（二）七擒孟获

公元 225 年五月，几路大军取得初步胜利后，诸葛亮指挥大部队穿山越岭，克服重重困难，终于进入叛乱最后据点——益州郡。此时，孟获代替雍闿率领叛军在益州郡内同蜀汉军队顽抗。孟获这位少数民族将领在南中地区有很强的威信和影响力。为了更有效地缓和少数民族和蜀汉政权的关系，诸葛亮采用马谡的建议，对深得"夷汉所服"的孟获采取"攻心"战术。他下

诸葛亮七擒孟获石雕

千古名相——诸葛亮

令部队只能生擒孟获。第一次交战时，孟获
就中计被擒。诸葛亮对孟获不杀不辱，见他
未真正心服就将他放回，第二次同其交兵较
量，结果孟获又被生擒，如此一擒一纵总共
七次，孟获终于心服口服，表示永远效忠朝
廷。《三国志》中记载了孟获对诸葛亮所说
的话语："公，天威也，南人不复反矣！"

降服孟获之后，诸葛亮继续领兵南下，
收服其他少数民族叛乱将领。南征过程中，
诸葛亮的军队纪律严明，深得百姓好评。同
时，诸葛亮把"攻心"策略运用得当，大多
数少数民族头目真心归降。很快，南中地区

成都武侯祠是唯一的君臣合祀祠庙

的叛乱就被彻底平定。公元 225 年七月，三路大军胜利会师于滇池（今云南晋东）。这次成功的南征平乱，有力地稳定了蜀汉内部统治，加强了民族团结。

诸葛亮从长远大局出发，在平定南中叛乱后，对这一地区少数民族坚决执行"和抚"政策，主要包括以下一些措施：第一，有力地推行郡县制，选良吏为郡守。诸葛亮将郡县组织进一步扩大和健全，把叛乱势力影响较大的益州郡的范围划小，改为建宁郡；分建宁、牂柯郡的一部分地区设置为兴古郡；又分建宁、永昌、越巂郡部

成都武侯祠石雕

成都武侯祠位于四川成都南门武侯祠大街

南抚夷越

分地区设置云南郡。由此以来，曾经发生叛乱
的四郡就被划改为建宁、越巂、永昌、云南、
兴古和牂柯六郡。随着郡数的增加，县数也
相应地增多，据统计，较原来增加了十二县。
郡县制的推行，加强了蜀汉朝廷中央集权的统
治。同时，郡县数量的增加也就意味着相应所
管辖区域地面积缩小，这就能够有力地防止因
地方势力过大而导致的称霸一方的割据。在为
郡县设置官员方面，诸葛亮任命的官员都是在
当地群众中有很大影响力的、并且很熟悉当地
少数民族状况的官员。如新任命的建宁太守李
恢，不仅长期在南中地区为官，而且本身就是
当地的土著。这些官员都能很好地贯彻诸葛亮
的"和抚"政策，深得当地民众敬爱。第二，

成都武侯祠三义庙

大胆起用少数民族将领参加蜀汉政权。为了争取少数民族首领的支持与合作，加强对南中地区地有效统治，诸葛亮很注意重用那些在当地有影响力的、并拥护蜀汉政权的少数民族上层人士，让他们能够参加蜀汉的中央政权，如被七擒七纵的孟获后来官至御史中丞。诸葛亮通过这些少数民族上层人士的影响加强了对南中地区的统治。在少数民族聚居地区，诸葛亮"即其渠帅而用之"，即任用少数民族上层人士担任地方官，让他们自己来统治各地少数民族，基本保留原来的部落组织，尊重少数民族原来的风俗习惯，承认各少数民族原来的首领、酋长的权力，并且赐予新的封号。例如，龙佑那被正式封为

成都武侯祠三义庙匾额

酋长，并且赐汉姓"张地"。首领、酋长们受到朝廷的器重之后，就很容易听从朝廷的命令。第三，积极发展经济，改善当地居民生活状况。上文我们曾经提过，南中地区物产丰饶，土地广阔，但是生产力水平低下，经济文化发展落后。为了改变这种状况，诸葛亮在这里推广汉族地区的农业技术，并注意在这一带兴修水利，扩大耕种面积。至今，在云南保山县还有三个能够使用的"诸葛堰"，相传是诸葛亮当年命人修筑的。一直以原始狩猎为生的"夷人""渐去山地，徙居平地，建城邑，务农桑"，生活有了很大改善。因此，南中地区的百姓多对诸葛亮充满敬爱之情。诸葛亮对南中地区的手工业和

成都武侯祠一景

成都武侯祠雕塑

商业也很重视，同样在这里采取盐铁业收为官有，设置盐铁官吏，负责经营管理的做法，使此地的盐铁业取得了很大的发展。

第四，推行"部曲"制度。"部曲"在东汉后期是豪强地主家兵的统称。"部曲"平时为主人生产，战时为主人打仗。诸葛亮南征后，把当地少数民族中的强壮男子收编为一支军队，连同其家属共一万多户，一起迁到蜀中，这支军队后来骁勇善战，号称"飞军"。同时，诸葛亮把少数民族中的羸弱男子分配到汉族和少数民族大族家中作为"部曲"，战时作战，闲时生产。对"部曲"多的大姓给予优待，"亦世袭官"。如此一来，很多"夷人"成为"部曲"。他们和汉人一起当兵生产，有效地促进了南中地区各族的封建化进程。

总之，诸葛亮"和抚"的民族政策维护了蜀汉的统一，促进了西南各族的友好往来和社会经济文化的进步。也正是因为此，诸葛亮得到了当地人民的敬畏。至今当地还流传很多有关诸葛亮的故事。如有些民族的佛寺大殿是仿照诸葛亮的帽子建造的，许多人还将铜鼓称为"诸葛鼓"。

七 兴兵北伐

成都武侯祠内陈列的三国时期作战兵器

成都武侯祠浮雕

（一）名垂千古《出师表》

诸葛亮在《隆中对》中为刘备集团确定的最终战略目标是：北伐曹魏，统一全国，兴复汉室。多年来，他始终未放弃这一目标。诸葛亮知道，北伐曹魏将比以往历次战争都关键和艰难，曹魏是个强敌，它占据中原，人力、物力雄厚，不能轻易取胜。所以，他要做好充分准备工作。成功地平定南中，为北伐解除了内部的后顾之忧。之后，诸葛亮除了处理日常朝政之外，把主要精力都用在"治戎讲武"上，做好北伐的准备。诸葛亮北伐曹魏还要解除对孙权一方的顾虑，公元225年十一月，诸葛亮派费祎使吴，向孙权表示友好之意。孙权也派使者到成都，表示愿意两家继续交好。这样，北伐的东顾之忧也消除了。诸葛亮还积极利用曹魏内部矛盾，写信策反驻守在新城的太守投魏蜀将孟达，作为内应。为了使曹魏在交战中陷入被动，诸葛亮把工作做到了曹魏的后院。曹魏的北方及东北方，居住着鲜卑、乌丸等少数民族，曹魏一直对他们实行强制性的武力统治，激起了这些民族的强烈不满。于是，诸葛亮派人绕到曹魏的后方，与鲜卑统帅比能取得联系。据

史书记载："会亮（诸葛亮）时在祁山。果
遣使连结比能。必能至故北地吕城"，与诸
葛亮相呼应。

公元226年，魏文帝曹丕病死，其子曹
睿即帝位，史称魏明帝。曹睿时年22岁，
曹丕遗命曹真、陈群、司马懿和曹休四人辅
政。魏国政局变动，诸葛亮认为这正是北上
伐魏的大好时机。于是在公元227年，他亲
率大军北上伐魏。

诸葛亮不放心年轻的后主刘禅，时年20
岁的刘禅庸碌无能，凡事依赖诸葛亮。刘禅
曾说过一句话："政由葛氏，祭则寡人。"
意思是说处理朝政是诸葛亮的事情，祭祀大

成都武侯祠盆景

典才由自己主持。因此，军队开拔前，诸葛亮向后主刘禅上了一份奏折，这就是著名的《出师表》。《出师表》主要包含以下几个方面的内容：

第一，北伐的形势、目的以及自己对蜀汉感激和忠心。

先帝创业未半而中道崩殂；今天下三分，益州疲弊，此诚危急存亡之秋也。

臣本布衣，躬耕于南阳，苟全性命于乱世，不求闻达于诸侯。先帝不以臣卑鄙，猥自枉屈，三顾臣于草庐之中，咨臣以当世之事，由是感激，遂许先帝以驱驰。后值倾覆，受任于败军之际，奉命于危难之间，尔来二十有一年矣。先帝知臣谨慎，故临崩寄臣以大事也。受命以来，夙夜忧叹，恐托付不效，以伤先帝之明，故五月渡泸，深入不毛。今南方已定，兵甲已足，当奖率三军，北定中原，庶竭驽钝，攘除奸凶，兴复汉室，还于旧都。此臣所以报先帝，而忠陛下之职分也。

这情真意切的话语中有报效先帝知遇之恩的忠心，又有攘除奸凶兴复汉室的壮心和谋取胜利的信心。

第二，关于用人和纳谏。

侍中、侍郎郭攸之、费祎、董允等，此皆良实，志虑忠纯，是以先帝简拔以遗陛下：愚以为宫中之事，事无大小，悉以咨之，然后施行，必能裨补阙漏，有所广益。将军向宠，性行淑均，晓畅军事，试用于昔日，先帝称之曰能，是以众议举宠为督。愚以为营中之事，悉以咨之，必能使行阵和睦，优劣得所。亲贤臣，远小人，此先汉所以兴隆也；亲小人，远贤臣，此后汉所以倾颓也。

成都武侯祠园凉亭

至于斟酌损益，进尽忠言，则攸之、祎、允之任也……陛下亦宜自谋，以咨诹善道，察纳雅言，深追先帝遗诏……

诸葛亮自己注重任人唯贤，所以在他要离开后主身边的时候，着重劝说刘禅也要任人唯贤。他向后主推荐的大臣都是德才兼备的人才。

第三，关于执法。

宫中府中俱为一体，陟罚臧否，不宜异同。若有作奸犯科及为忠善者，宜付有司论其刑赏，以昭陛下平明之理，不宜偏私，使内外异法也。

现存成都武侯祠祠庙的主体建筑为1672 年清康熙年间重建

诸葛亮治理西蜀，厉行法治，执法严明。他知道刘禅缺乏政治头脑，不辨是非，所以劝谏后主不要偏袒亲信和皇室，同时要赏罚

兴兵北伐

武侯祠五重建筑严格排列在从南到北的一条中轴线上

分明。

可以说，诸葛亮是怀着满腔的感情写下《出师表》的。对于后主刘禅，诸葛亮具有双重身份。他受刘备遗诏辅佐刘禅，是名副其实的辅政大臣。刘备又让刘禅"父事"诸葛亮，诸葛亮就又具备了长辈身份。在《出师表》中，对蜀汉国事细微具体的安排，包含了臣子对国家的忠心，同时也是一位长辈对晚辈的一片苦心，字字句句都反映了诸葛亮苦心孤诣、殚尽心血的精忠报国之心。闻者无不感慨，顿生敬佩之情，正印证了陆游的《书愤》中的两句诗："出师一表真名世，千载谁堪伯仲间。"

(二) 街亭失守 首战失败

公元227年（建兴五年）春，诸葛亮率军北上，在汉水北面的阳平和石马扎下大营，屯兵于汉中。汉中，位于益州北部，西通陇右，南控巴蜀，北屏秦岭，东抵荆襄，进可借山径达秦陇争关中，退可凭山险安于"独守之国"。所以有"巴蜀之根本，实在汉中""巴蜀之重在汉中"之说。公元228年（建兴六年）春，诸葛亮正式从汉中出师进行第一次北伐，他决定出阳平关先取道陇右到祁山，再下关中。

成都武侯祠"锦里"门匾

此次出兵祁山，诸葛亮采取了声东击西的计策。他决定兵分两路。蜀汉老将镇东将军赵云和扬武将军邓芝率领一路人马，直接由汉中北上进入秦岭箕谷，扬言从斜谷攻打郿城，以迷惑魏军视线。这时，诸葛亮却暗中亲率蜀军主力偷袭魏军据守的祁山。曹魏方面果然上当，魏明帝慌忙派曹真都督关右，驻扎在郿县，对付赵云。而对祁山方面却没有充分防备，诸葛亮的军队"戎阵整齐，赏罚肃而号令明"，而且经过几年的养精蓄锐，军队兵强马壮，势不可挡，一举攻下祁山。随即，祁山以北的天水、南安、安定三郡的魏将相继投降。之后，姜维在冀城也投降诸葛亮。如果蜀军再占领西部的陇西郡，整个

街亭古战场

陇西地区就基本控制在蜀汉手中，那么诸葛亮占领关中地区的目标就能够实现。

蜀军的所向披靡震动了曹魏朝廷，魏国上下一片惊慌。魏明帝亲自坐镇长安，派右将军张郃率兵五万前往陇右迎击蜀军。张郃军队沿关陇通道西进，过开县进入开陇古道，沿此路登上陇山，打算从街亭进入陇右。街亭是汉代的略阳古城，地势非常险要，是通往关中的要道。蜀军如果占领街亭就可以截断魏军进入陇右，并可以直接东下进取长安。因此诸葛亮决定选择一名前锋率军据守街亭。智者千虑必有一失，诸葛亮没有听从众议派魏延或者吴壹，而是选拔了自高自大的马谡。

马谡，字幼常，马良之弟，襄阳宜城人，在军事理论方面有一定的造诣。刘备在世时认为马谡夸夸其谈，很不踏实，临终时曾对诸葛亮说："马谡言过其实，不可大用，君其察之！"诸葛亮对刘备的嘱咐没有给予足够的重视，仍然很器重他，任命他做参军。当年诸葛亮南征时，马谡的"用兵之道，攻心为上"的建议很受诸葛亮的赏识。作为先锋的马谡，任务就是守住街亭，把曹魏关中援兵阻隔在街亭之外。马谡自以街亭座落在秦安县城东45公里的陇城镇......历代兵家必争之地具有得失陇右安危关中的......略地位三国时期诸葛亮为了北定中原兴复汉......于蜀汉建兴六年（公元228年）部署了北伐......魏的街亭之战因参军马谡违亮节度依阻南山......下拒城被魏将张郃绝其汲道大败马谡于街......亭失守蜀军主力溃败诸葛亮挥泪斩马谡上跪......

三国古战场街亭遗址碑文

为熟读兵书，通晓兵法，骄傲轻敌。他既不遵循诸葛亮的部署，又不听从副将王平的劝阻，而是私自安排副将高翔以少数兵力开进离街亭不远的柳城，自己则率主力"舍水上山，不下据城"，让军队驻扎在山上，远离水源。张郃指挥魏军把马谡的军队团团包围，"绝其汲道"，切断蜀军水源。蜀军饥渴难耐，陷入混乱。魏军乘机进攻，大败马谡军队，街亭失守。

街亭失守，打乱了诸葛亮的部署，使蜀军失去进攻的有利据点。此时，东线的赵云由于敌众我寡，作战失利，为了保全兵力，诸葛亮带领人马和西县千余家百姓，撤退到汉中。

司马懿像

诸葛亮退回汉中之后，忍痛按军法处死马谡。王平在街亭劝阻过马谡，撤退时收集散兵，保全人马，属于有功之人，被诸葛亮提升为参军。赵云兵败，但保全了兵将，诸葛亮将他由镇东将军降职为镇军将军。街亭失守，诸葛亮深感自己用人失察，有不可推卸的责任。于是上表后主，自请处分。刘禅感到很为难，后来听取了大臣们的意见，批准诸葛亮的请求，把他降职为右将军，代理丞相职务。

由于诸葛亮赏罚分明，严于律己，大大激励了将士，大家把失败作为教训，加紧练兵，准备下一次战斗。

多次北伐 抱憾而逝

北伐曹魏是诸葛亮毕生的心愿，也是他辅佐后主刘禅之后一直主要从事的事业。继第一次北伐失利之后，他又在以后的数年中多次北伐，可谓是为了蜀汉鞠躬尽瘁。

公元 228 年夏天，吴王孙权挑起了对魏的战争。魏明帝派曹休、司马懿、贾逵分别出兵寻阳、江陵和东关。孙权以陆逊为大都督领兵数万迎击曹休率领的魏军，在石亭（今安徽潜山东北）大败曹军，随之，曹休病死。当年冬天，诸葛亮利用魏军主力把孙权吸引至东线的有利时机，进行了第二次北伐。诸葛亮率众出兵散关（今陕西宝鸡西南），包围了陈仓（今宝鸡东北）。在陈仓遭遇了魏将郝昭的顽强抵抗，诸葛亮一方"有众数万，而（郝）昭兵才千余人"，蜀军采用各种办法攻城，郝昭则针锋相对地用尽各种办法迎敌，双方相持了二十多天。眼看魏援军将至，而蜀方军粮已尽，诸葛亮只好下令撤军。这次北伐诸葛亮未取得胜利，但是损失不大。

成都武侯祠庭院一景

公元 229 年（建兴七年），诸葛亮进行了第三次北伐。他派陈式攻取武郡（今甘肃成县西北）和阴平郡（今甘肃文县西北），诸葛亮亲自出兵建威（今甘肃西和县北），魏雍州刺史郭淮领兵反击陈式，郭淮未战而退，蜀军遂顺利占领二郡。诸葛亮对当地的少数民族进行了安抚之后，留下驻守将领，然后领兵返回汉中。武郡和阴平郡战略位置特殊，对蜀汉有利，后主刘禅为奖励诸葛亮的功劳，恢复了他丞相的职务。第三次北伐蜀军取得了局部的胜利。

公元 231 年（建兴九年）春天，诸葛亮率军进行第四次北伐，再一次包围祁山。在这次北伐中，蜀军运用上了诸葛亮为运粮特

诸葛亮制木牛流马处

意设计制造的"木牛"小车，不但节省了人力，还提高了运送粮食的效率。这时，魏国大司马曹真病重，魏明帝把正在荆州的司马懿调回，负责指挥魏军，抵御蜀军的进攻。司马懿留一部分军队守在上封（今甘肃天水西南），自己带领主力西救祁山。他深知诸葛亮善于用兵，不敢轻举妄动。部下再三催促，司马懿才派张郃南行解祁山之围，自己从中路进攻。结果，还是被蜀军大败。诸葛亮本可乘胜追击，但刘禅却因李严从中作梗，下令诸葛亮退军。司马懿派张郃追击蜀军，张郃说："军法，围城必开出路，归军勿追。"司马懿拒不接受，张郃只好奉命追击，结果中了蜀军埋伏，被乱箭射死。第四次北伐，诸葛亮取得了有利的战机，但被李严破坏。曹魏先期五大良将之一张郃之死是诸葛亮的一大胜利。

公元 234 年（建兴十二年）春天，经过了将近三年的准备，诸葛亮又进行了第五次北伐。他亲率十万大军，以魏延为先锋，兵出斜谷口，进据武功五丈原（今陕西郿县西南），与司马懿对峙于渭水南岸。在这次北伐中，诸葛亮战前又根据特殊地势特意设计了一种名为"流马"的运粮工具。诸葛亮总结了历次出兵粮草不济的教训，抽调一部分士兵在渭水南岸进行屯田，就地生产军粮，做长远对峙的打算。尽管如此，蜀军的粮草供应仍然出现危机。诸葛亮尽力寻找机会与魏军主力作战，但司马懿拒不出战，双方在渭南相持了一百多天。诸葛亮见魏军久不出战，己方粮草渐渐危急，心中渐生焦虑，食不甘味，寝不安席，又加之连年的劳累过度，诸葛亮病倒了。这一年八月，诸葛亮病逝于五丈原军中，时年只有 54 岁。诸葛亮死后，杨仪和姜维按照诸葛亮的临终部署，秘不发丧，整顿军马，向汉口撤退。司马懿追至途中被蜀军的军势吓回。当地的百姓笑话司马

《前出师表》

懿："死诸葛吓走了活仲达（司马懿字仲达）。"诸葛亮的最后一次北伐就这样结束了。

诸葛亮临终前向尚书仆射李福交代了人事安排问题，他向后主刘禅推荐了蒋琬为自己的接替者，蒋琬之后为费祎，再之后，诸葛亮就没有回答。

诸葛亮死后，蒋琬和费祎执政，他们都能继承诸葛亮的政策，对内保国安民，休养生息；对外通好孙吴，北伐曹魏的事情有所节制，基本维持了蜀汉的安定局面。二人去世后，接替者都没能很好地继承诸葛亮的思想，姜维一再地发动北伐，失败连连，朝中后主刘禅被小人蒙蔽，蜀汉国势日渐衰弱。公元263年，后主刘禅率众投降魏军，蜀汉亡朝，从公元221年，刘备称帝到刘禅亡国，共经历四十三年。

八　功德传后世

南阳卧龙岗武侯祠

诸葛亮是一个维护封建纲常和崇尚儒家忠义道德的正统思想家。但是诸葛亮并不墨守儒家教条，他尊王而不攘夷，进兵南中，和抚夷越，在三国中执行了最好的民族政策。诸葛亮以"鞠躬尽瘁，死而后已"的精神成为后世的楷模。

中国千百年来将诸葛亮描绘成为智慧的化身，其传奇故事为世人传诵。诸葛亮娴熟韬略，多谋善断，长于巧思。曾革新"连弩"，可连续发射十箭；制作"木牛流马"，便于山地军事运输；还推演兵法，作"八阵图"。

我们先来看一下和诸葛亮同时代的名士对诸葛亮的评价，司马懿称其："天下奇才也！"贾诩："诸葛亮善治国。"刘晔："诸葛亮明于治而为相。"刘备："君才十倍曹丕，必能安国，终定大事。"

　　一代名君唐太宗曾用"忠顺勤劳"四个字来形容诸葛亮，这是非常贴切的。清朝一代名君康熙皇帝，更直接表示："诸葛亮云：'鞠躬尽瘁，死而后已'为人臣者，惟诸葛亮能如此耳。"

　　诸葛亮去世后，蜀中人民非常怀念他，"百姓巷祭，戎夷野祀"。虽然蜀汉当局以不合礼法，拒绝为诸葛亮立庙，但是蜀中百姓、南中人民，几乎是全民运动，盛况空前，政府也禁止不了。据说这种情形，历数十年。唐代的孙樵表示：诸葛武侯去世已五百年，迄今梁、汉一带人民，仍然歌颂其事迹，立庙和祭祀者大有人在，人们对他的怀念是如此的久远而深刻。

　　公元263年，即蜀汉灭亡的那年年初，步兵校尉习隆、中书郎向充等上书刘禅，建议为诸葛亮立庙，刘禅批准此奏议，下令在沔阳（陕西勉县），邻近诸葛亮的墓地旁，修建庙宇，这就是最早的武矦庙。

南阳卧龙岗武侯祠石牌坊

功德传后世

公元 304 年，李雄在成都建立成汉政权。又在成都的"少城"建有"孔明庙"。公元 347 年，东晋大将军桓温伐蜀灭成汉政权时，烧毁了少城，但孔明庙却被刻意地保存下来，显示后代人对诸葛亮的敬重。

后来在成都南郊原来刘备庙的后堂，又修建了纪念诸葛亮的专设。到了唐代，诸葛亮的声望超越刘备，此庙竟被称为武侯祠，并且一直流传至今，成为成都重要的名胜古迹。这个武侯祠，名诗人杜甫、李商隐、陆游都曾来过此地，并且写下不少怀念诸葛亮的诗词。武侯祠中保存了很多有关诸葛亮的文物，最引人注目的是被

成都武侯祠一景

千古名相——诸葛亮

成都武侯祠石雕

称为"诸葛鼓"的三面铜鼓。主要基于一个
传说；诸葛亮远征南中时，制作了这种铜鼓，
白天做饭用，晚上若有情况时用以示警。这
个传说一直在云南和四川一带广为流传，很
多人相信诸葛鼓为诸葛亮所发明。这充分表
现了人们对诸葛亮的怀念和敬仰。除了成都
外，白帝城的武侯祠、南阳武侯祠及襄阳武
侯祠也都享有盛名。

成都武侯祠石碑

　　最后，以唐代著名诗人杜甫的《蜀相》
来表示我们对这位千古名相的敬仰之心。

丞相祠堂何处寻？锦官城外柏森森。

映阶碧草自春色，隔叶黄鹂空好音。

功德传后世

成都武侯祠一景

勉县定军山诸葛亮墓

三顾频烦天下计，两朝开济老臣心。
出师未捷身先死，长使英雄泪满襟。
诗句概括了诸葛亮的一生和对他的评价，至今吟诵起来，仍然令人为这位一千多年前的风云人物赞叹不已！

千古名相——诸葛亮